19

供电企业生产技能人员标准化作业培训教材

输电电缆停电综合检修

福建省电力有限公司　组编

输变电

中国电力出版社
CHINA ELECTRIC POWER PRESS

内 容 提 要

本册书是按照《供电企业生产技能人员标准化作业培训教材》体系的要求，结合生产实际编写而成。本册书主要介绍输电电缆停电综合检修工作内容、流程、质量标准与控制、安全风险分析与预控、管理与记录要求等内容。通过作业案例介绍，使读者熟悉和掌握作业前的准备工作、作业中的危险点预控、工艺标准和质量要求，作业后管理与记录要求。

本册书作者都是长期从事电力生产一线的员工，有较为丰富的现场实际经验，所列举的案例也是实际生产过程中所发生的，具有较强的生产现场指导意义。本册书可用于从事输电电缆运维与检修人员持证上岗培训教材，也可作为输电电缆专业人员参考用书。

图书在版编目（CIP）数据

供电企业生产技能人员标准化作业培训教材. 输变电/福建省电力有限公司组编. —北京：中国电力出版社，2012.12

ISBN 978-7-5123-3810-4

Ⅰ. ①供… Ⅱ. ①福… Ⅲ. ①供电－工业企业管理－标准化管理－中国－技术培训－教材 ②输电－电力系统－技术培训－教材 ③变电所－电力系统－技术培训－教材 Ⅳ. ①F426.61

中国版本图书馆 CIP 数据核字（2012）第 287838 号

中国电力出版社出版、发行

（北京市东城区北京站西街 19 号 100005 http://www.cepp.sgcc.com.cn）

北京九天众诚印刷有限公司印刷

各地新华书店经售

*

2013 年 1 月第一版 2013 年 1 月北京第一次印刷

787 毫米×1092 毫米 16 开本 84 印张 1766 千字

全册定价 **232.00** 元

前言

preface

为了更好地服务“五大”体系建设，提升生产技能人员良好的“职业化”行为习惯，建立与现场标准化作业生产环境一致的培训课程体系，福建省电力有限公司以现场标准化作业指导书为蓝本，组织开展生产技能标准化作业培训教材的编写工作。为确保教材的编写质量和进度，由总工程师李功新主抓此项工作，多次召集工作协调会，定期听取编写进度汇报；人力资源部负责教材编写的组织工作，运维检修部、科技信通部和调度控制中心负责教材编写的具体工作，福建省电力有限公司和基层单位技术专家组成教材编写与审定小组，公司培训中心负责教材编写框架和编写规范的制订、编写进度跟踪及其他协调工作。

本套教材集中了福建省电力有限公司众多专家学者的智慧，采用了全新的组织架构，突出了基于现场标准化作业的培训特色。本套教材分为配电专业、输变电专业和二次专业三本书，包括 91 项现场标准化作业项目（子分册），具有很强的针对性和实用性。各项目（子分册）分为两部分：第一部分介绍了各项目的工作流程、工作质量标准与控制、危险点分析与预控、管理与记录要求、作业案例等；第二部分罗列了标准化作业指导书等标准化作业文本，并结合第一部分的作业案例说明了标准化文本的填写规范。部分项目（子分册）还在附录部分对设备等内容进行了说明。

其中，配电专业分为架空线路、配电设备、计量装置及其他设备，由福建省电力有限公司运维检修部高级工程师姚亮担任编写组长，福州电业局、厦门电业局、莆田电业局、泉州电业局、漳州电业局、龙岩电业局、三明电业局、南平电业局、宁德电业局、福清电力公司、石狮电力公司、晋江电力公司、南安电力公司、长乐电力公司等单位的专家参与编写工作。输变电专业分为开关类、线圈类和架空线路及电缆，由福建省电力有限公司运维检修部高级工程师林平担任编写组长，福建省电力科学研究院、检修分公司、福州电业局、厦门电业局、莆田电业局、泉州电业局、漳州电业局、龙岩电业局、三明电业局等单位的专家参与编写工作。二次专业分为继电保护、综合自动化、直流系统和电力通信，由福建省电力有限公司调度控制中心高级工程师宋福海、科技信通部高级工程师连纪文担任编写组长，福建省电力科学研究院、检修分公司、信息通信分公司、福州电业局、厦门电业局、莆田电业局、泉州电业局、龙岩电业局、三明电业局、南平电业局等单位的专家参与编写工作。

本册由厦门电业局严有祥担任编写组长，厦门电业局杨毓庆、陈朝晖、陈日坤、叶色亮、福州电业局王全兴、泉州电业局吴志成、三明电业局沈明松、李春等编写；福建省电力有限公司运维检修部吴虹主审，福建省电力有限公司运维检修部林力辉、漳州电业局李郭然、厦门电业局胡志猛、吴增辉、福建省电力科学研究院施倩、李强等参审。

本教材在编写、审定过程中得到了福建省电力有限公司有关单位领导和专家的大力支持和帮助，在此一并感谢。同时，也感谢中国电力出版社的大力支持。

由于编者能力所限及编写时间仓促，难免存在疏漏之处，恳请各位专家和读者提出宝贵意见。

contents 目录

第一部分

标准化作业培训

1 作业描述

输电电缆停电综合检修是根据检修计划或运维过程中发现的缺陷，对输电电缆做全面性的检查和测试，诊断电缆健康状况，对发现的缺陷和隐患进行处理。主要包括电缆主绝缘测试、护层绝缘测试、护层过电压限制器检查与测试、避雷器、回流线检查与测试等检修试验项目，是电缆运行维护的一项综合性工作。

2 工作流程

输电电缆停电综合检修的工作流程如图 1-1 所示。

3 工作质量标准与控制

3.1 引用标准

GB 50150—2006 《装置安装工程 电气设备交接试验标准》
GB 50217—2007 《电力工程电缆设计规范》
DL/T 596—1996 《电力设备预防性试验规程》
Q/GDW 168—2008 《输变电设备状态检修试验规程》
Q/GDW 512—2010 《电力电缆线路运行规程》

3.2 质量控制

3.2.1 检修测试仪器检查

仪器必须经检验部门检验合格并在有效期内，合格证清晰可见；绝缘电阻表分别对地和空气自检合格。

3.2.2 电缆线芯绝缘测试

用 5000V 绝缘电阻表测试，测试时注意勿将相端、地端接反，测试结果与历次试验结果和同类型设备试验结果相比无显著差别。测试完后要对其进行充分放电。

3.2.3 外护层绝缘测试

测量电缆金属护套对地的绝缘电阻，用 500V 绝缘电阻表测试，每千米绝缘电阻值不低于 0.5MΩ。测试完后要对其进行充分放电。

3.2.4 过电压保护器绝缘及耐压试验

护层过电压保护器及其引线对地的绝缘电阻用 1000V 绝缘电阻表测量，应大于 10MΩ。护层过电压保护器的直流参考电压应符合设备技术要求。

3.2.5 电缆避雷器测试

测量本体绝缘时，应将避雷器底座接地。35kV 以上，不低于 2500MΩ；35kV 及以下，不低于 1000MΩ；底座绝缘电阻一般不低于 50MΩ；避雷器放电计数器检查，测试 3～5 次，均应正常动作。

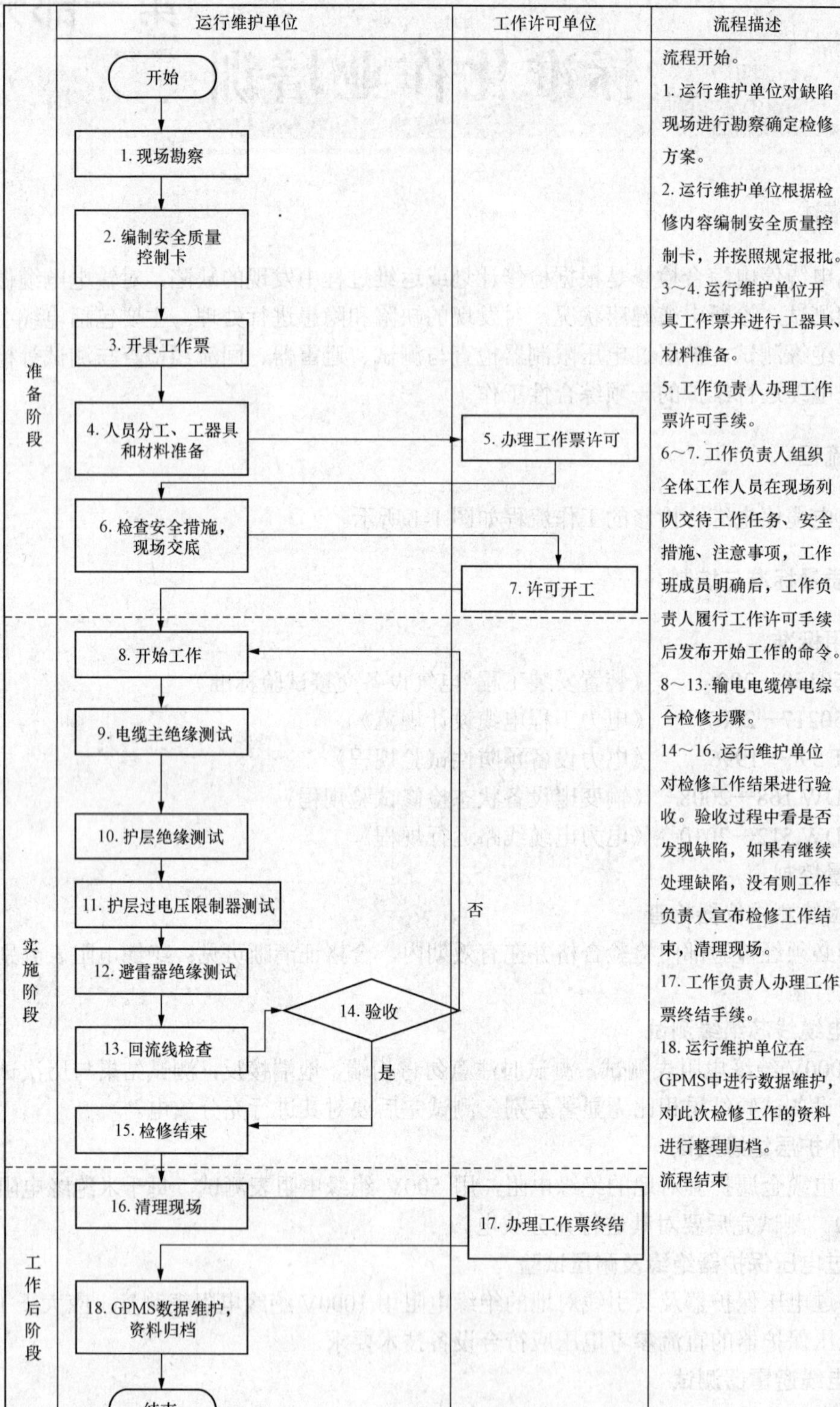

图 1-1　输电电缆停电综合检修的工作流程图

3.2.6 回流线检查

检查电缆回流线绝缘应良好，连续性测试应合格。

3.2.7 终端头检查、清扫

检查电缆终端表面有无放电、污秽现象；终端密封是否完好；终端绝缘管材有无开裂；套管及支撑绝缘子有无损伤；对电缆终端处的避雷器，应检查套管是否完好，表面有无放电痕迹；对瓷套终端头的污秽进行清扫，对相色进行喷涂。

4 安全风险分析与预控

4.1 危险点 1：触电

事故案例

7 月 5 日 9:50，× ×送电工区电缆班承担 220kV× ×Ⅰ路电缆停电检修任务，在进行电缆护层绝缘测试时，职工付×被指派到 24 号工井进行接地箱接地线的拆除工作，在拆除接地箱前，未认真核对清楚线路名称、接地箱编号，误拆了相邻的 220kV× ×Ⅱ路直接接地箱接地引线，造成感应电通过手臂对地放电，还好没造成人员伤亡事故。

防范措施

（1）线路经验明确无电压后，应立即装设接地线并三相短路。各工作班工作地段各端和有可能送电到停电线路工作地段的分支线都要验电、装设工作接地线。装、拆接地线应在监护下进行。（《国家电网公司电力安全工作规程（线路部分）》第 3.4.1 条）

（2）装设接地线时，应先接接地端，后接导线端，接地线应接触良好、连接应可靠。拆接地线的顺序与此相反。装、拆接地线应使用绝缘棒或专用的绝缘绳。人体不准碰触未接地的导线。（《国家电网公司电力安全工作规程（线路部分）》第 3.4.5 条）

4.2 危险点 2：中毒事故

事故案例

3 月 2 日凌晨 3 时，× ×电力设备安装公司 7 名员工正准备下井检修地下电缆线路，在下井时有 5 名检修工人不同程度一氧化碳中毒，其中 2 名检修工中毒程度较深，在送往医院途中死亡。该路段地下电缆线安装保养检修属× ×电力设备安装分公司，地下电缆线与煤气管道排列在同一位置，由于煤气管道泄漏，井下又无通风，马路中央井盖关闭严密，造成井下泄漏的煤气不能疏散排放。5 名检修工在未戴防毒吸氧面罩情况下打开井盖下井时相继中毒昏倒。路面上 2 名检修工发现后报 110。待 110 与消防队赶到急速救起 5 名检修工送往医院抢救。事发 7h 后现场检测一氧化碳浓度为 1500mg/m^3，超过国家标准（15mg/m^3）999 倍。

防范措施

电缆井工作时，禁止只打开一只井盖（单眼井除外）。进入电缆井、电缆隧道前，应先用吹风机排除浊气，再用气体检测仪检查井内或隧道内的易燃易爆及有毒气体的含量是否超标，并做好记录。电缆沟的盖板开启后，应自然通风一段时间后方可下井工作。电缆井、隧道内工作时，通风设备应保持常开，以保证空气流通。在通风条件不良的电缆隧（沟）道内进行长时间巡视时，工作人员应携带便携式有害气体测试仪及自救呼吸器。（《国家电网公司电力安全工作规程（线路部分）》第 12.2.1.11 条）

4.3 危险点 3：高处坠落

事故案例

9 月 10 日上午，工作负责人王 × 持施工作业票开始 10kV 出线电缆 T 接作业。在各项准备工作和安全措施执行到位后，8:40，由工作负责人王 × 监护，工作班成员李 ×（临时工）登上 10kV × × 线#1 塔下横担处悬挂滑车（距离地面约 9m，钢管塔高 11m），然后沿爬梯准备到下层固定电缆，在下杆过程中从 7m 高处坠落，双脚和臀部着地受伤（着地点离塔基约 1.5m），人员神智清醒。现场人员立即将其送往医院，经 CT 及 X 光检查，诊断为腰脊骨第 12 椎体轻度损伤，脑部、腹部内脏无异常。

防范措施

（1）作业人员攀登杆塔、杆塔上转位及杆塔上作业时，手扶的构件应牢固，不准失去安全防护，并防止安全带从杆顶脱出或被锋利物损坏。（《国家电网公司电力安全工作规程（线路部分）》第 6.2.3 条）

（2）高处作业人员在作业过程中，应随时检查安全带是否拴牢。高处作业人员在转移作业位置时不准失去安全带防护。（《国家电网公司电力安全工作规程（线路部分）》第 7.10 条）

（3）工作负责人、专责监护人应始终在工作现场，对工作班人员的安全进行认真监护，及时纠正不安全的行为。（《国家电网公司电力安全工作规程（线路部分）》第 2.5.1 条）

5 管理与记录要求

（1）召开班前会、班后会。

（2）将检修记录、缺陷处理记录等相关作业记录输入 GPMS 系统。

（3）将班前会和班后会录音上传至 GPMS 系统，并做好登记。

（4）将本次作业过程记录录入到 GPMS 系统，进行评估和终结作业流程。

6 作业案例

220kV××Ⅰ路电缆停电综合检修作业。

6.1 作业准备阶段

6.1.1 准备工作

序号	工作项目	工作内容或要求
1	勘察现场、查阅资料	1. 查阅检修线路的图纸资料，了解和掌握电缆的护层接线情况以及历次的检修情况。 2. 勘察现场，了解作业现场有无影响检修的障碍物等情况
2	编制作业安全质量控制卡	包含更换工作任务的人员分工、作业方案、质量控制流程和工艺标准、作业危险点分析及控制措施等内容
3	主要工器具及材料	详见班组作业安全质量控制卡
4	作业人员资格审查	必须取得送电电缆专业上岗证书，经安全技术培训并考试合格，无妨碍工作的病症

6.1.2 召开班前会

序号	内　容	标　准
1	人员分工	根据作业内容及工作量确定具体的人员分工

表（续）

序号	内　容	标　准
2	技术交底	明确作业方法、工艺及质量标准
3	进行危险点分析并制定控制措施	危险点分析及控制措施详尽并有针对性

6.1.3 填写并签发工作票

序号	内　容	标　准
1	填写线路第一种工作票	完整并履行审批、签发手续

6.2 作业实施阶段

6.2.1 作业开工

序号	工作项目	工作内容或要求
1	办理工作许可手续	作业前与调度联系线路确已停电，并且安全措施已布置完毕，办理工作许可手续，可以作业
2	宣读工作票	1. 工作负责人召集全体人员列队，宣读工作票，工作人员列队认真听票。 2. 工作负责人讲明工作中的危险点及控制措施，并进行提问，无问题后工作班人员在工作票上签字确认后，方可开始作业
3	核对工作范围及设备	工作负责人接到工作许可命令后，率领工作班成员到达现场。工作负责人要亲自按工作票、缺陷传递单核对作业电缆线路名称、杆塔号
4	验电、挂接地线	1. 由专人用合格的验电器在作业地段前后杆塔验电，并设专人监护。 2. 验明线路确无电压后，开始装设接地线。应先接接地端后接导线端，接地线应接触良好，连接可靠；接地线不得缠绕

6.2.2 作业内容及质量控制流程

序号	作业项目或内容	作业要求及工艺质量标准
1	验电挂接地线	对线路逐相进行验电，验明线路确无电压后，即在线路上挂接地线。挂接地线时，其接地端和导线端必须接触良好、可靠。接地线组件在杆塔上绑扎牢固，不大幅摆动或掉落
2	检查电缆终端头	检查电缆终端表面有无放电、污秽现象；终端密封是否完好；终端绝缘管材有无开裂；套管及支撑绝缘子有无损伤；对电缆终端处的避雷器，应检查套管是否完好，表面有无放电痕迹
3	检查电缆接头	检查电缆接头和接地箱内的电气连接点固定件有无松动、锈蚀；检查接地箱是否进水受潮，保护器是否有损坏、放电痕迹；接地线是否良好，连接处是否紧固可靠，有无发热或放电现象
4	电缆终端头清扫	对瓷套终端头的污秽进行清扫，对相色进行喷涂
5	电缆线芯绝缘电阻测试	测量电缆线芯对地的绝缘电阻，用 5000V 绝缘电阻表测试，测试结果与历次试验结果和同类型设备试验结果相比无显著差别。测试完后要对其进行充分放电
6	电缆外护层绝缘电阻测试	测量电缆金属护套对地的绝缘电阻，用 500V 绝缘电阻表测试，每千米绝缘电阻值不低于 0.5MΩ。测试完后要对其进行充分放电
7	护层过电压保护器检测	护层过电压保护器及其引线对地的绝缘电阻用 1000V 绝缘电阻表测量，应大于 10MΩ。护层过电压保护器的直流参考电压应符合设备技术要求
8	避雷器绝缘电阻测试	测量本体绝缘时，应将避雷器底座接地。 35kV 以上，不低于 2500MΩ。

表（续）

序号	作业项目或内容	作业要求及工艺质量标准
8	避雷器绝缘电阻测试	35kV 及以下，不低于 1000MΩ。 底座绝缘电阻一般不低于 50MΩ
9	避雷器放电计数器检查	测试 3～5 次，均应正常动作。 试验结束后，认真检查雷电计数器是否断电，防止误伤人员
10	恢复电气接线	对电缆终端头引线、接地引线、接地箱的电气接线进行恢复，恢复时，连接应可靠、螺丝应紧固，对生锈严重的螺丝应给予更换。恢复后，应检查交叉互联接地系统连接的正确性
11	拆除接地线	确认本班工作人员均已撤离杆塔后，指挥拆除本班所挂接的所有接地线

6.3 作业结束阶段

序号	工作程序名称	工作内容或要求
1	作业现场清理	达到工完、场清、料净
2	盘点工具、材料数量	按工器具和材料附表核实工具、材料数量
3	申请办理质量验收	由验收单位按工艺标准及有关规程组织施工质量验收
4	拆除接地线、人员撤离	工作结束后，工作负责人检查作业现场无问题、确定所有人员下塔后，下令拆除接地线
5	办理工作票终结手续	工作负责人向工作许可人汇报作业结束，现场人员全部下塔后，线路所挂的接地线已全部拆除，没有遗留问题，可以恢复送电

6.4 作业小结

序号	工作程序名称	工作内容或要求
1	班后会	工作总结、评价及相应措施
2	GPMS 流程运转	填写检修记录、报表编写上传、完成时限填写、完成设备作业后评估
3	录音上传	工作票录音
4	作业文件归档	安全质量控制卡、工作票、报表

思考与练习

1．请根据以下案例进行原因分析并思考防范措施。

【案例】 某日，××供电公司辖区 10kV 火炬小学杆上施工变压器高压电缆停电检修，由王×担任监护人、陈×担任操作人。8:36，两人来到火炬小学施工变压器杆下开始操作，检查配电变压器低压空气断路器断开后，在地面先后断开配电变压器高压跌落熔丝和高压隔离开关，陈×在杆下扎好安全带腰带，在王×监护下沿配电变压器台架的水泥杆抱箍攀至配电变压器台架跌落式熔丝层，脚踩横担端部（离地 5.9 m），准备在高压电缆引线处验电装设接地线，陈×将安全带绕过水泥杆扣在腰带上，用小绳提升验电笔，当转身准备拿验电笔时，安全带突然松脱，陈×从杆上坠落，紧急送医院，经 B 超及 CT 检查，诊断陈×左小臂桡骨骨折，右腿外侧膝盖上下部擦伤，额头擦伤，人神智始终清醒，伤情稳定。

2．110kV 及以上橡塑绝缘单芯电缆的预防性试验主要包括哪些项目？

3．电缆测试前应做哪些准备？

第二部分

标准化作业文本

1 标准化作业指导书

220kV ××路电缆线路停电检修作业指导书

编制：__________ ________年______月______日

审核：__________ ________年______月______日

批准：__________ ________年______月______日

工作负责人：

作业日期： 年 月 日 时至 年 月 日 时

××××公司

1 范围

本作业指导书适用于220kV××Ⅱ路电缆停电检修作业。

2 引用文件

GB 50168—1992　《电气装置安装工程电缆线路施工及验收规范》
GB/Z 18890.1—2002　《额定电压220kV（U_m=252kV）交联聚乙烯绝缘电力电缆及附件》
GB 50217—2007　《电力工程电缆设计规范》
Q/GDW 512—2010　《电力电缆线路运行规程》
国家电网安监〔2009〕664号　《国家电网公司电力安全工作规程（线路部分）》

3 环境条件

（1）作业现场的生产条件和安全设施应符合有关标准、规范的要求。

（2）作业应在良好的天气下进行，工作中遇有五级及以上的大风以及雷雨、暴雨、浓雾等恶劣天气时，应停止工作。

4 检修前准备

4.1 准备工作安排

√	序号	内　　容	责任人	备　注
	1	学习本线路电气接线图、护层回路连接方式、试验标准；熟悉本线路的具体路径、走向、电缆敷设方式（电缆沟、埋管、电缆隧道等）		
	2	部门内部组织安全、质量、进度的技术交底，熟练掌握电缆停电检修方法、技术标准、安全、危险点分析等		
	3	查阅电缆预防性试验安装报告、检修等运行历史情况		
	4	对进场的工器具、设备进行检查和保养，确保能够正常使用		
	5	办理必备的开工手续，办理电缆第一种工作票，停220kV××Ⅱ路，停电范围××变压器××间隔—××变压器××间隔		
	6	准备相应的安全标识、警示锥、试验围栏，在较深的工井内检修，必须准备竹梯、防毒面具，绝缘雨靴、便携式应急灯		

4.2 人员要求

√	序号	内　　容	责任人	备　注
	1	作业人员应身体健康、精神状态良好，思想稳定，心态正常；如不适应施工现场要求，工作负责人必须对作业人员进行适当调整		
	2	作业人员必须熟练掌握本专业作业技能及《电业安全工作规程》知识，经年度《电业安全工作规程》考试合格，持有本专业职业资格证书，熟悉本线路的施工环境及连接方式		
	3	进入变电站、电缆井、隧道施工，必须至少有2人进行，办理工作票相关手续后，方可进入变电站作业现场		
	4	辅助民工4人，并经安全交底		
	5	在作业过程中，所有作业人员严禁吸烟，嬉笑打闹		

表（续）

√	序号	内　　容	责任人	备　注
	6	进入施工现场工作，必须有监护人，监护人不得做其他工作及擅离作业现场		

4.3　工器具

√	序号	名　称	型号/规格	单位	数量	备　注
	1	高压验电器	220 kV	只	2	
	2	绝缘电阻表（5000V）	5000MΩ	台	1	
	3	绝缘电阻表（500V）	500MΩ	台	1	
	4	试验用的短接线		包	1	
	5	个人电工工具		套	3	
	6	绝缘鞋		双	5	
	7	安全帽		顶	5	
	8	安全带		条	3	
	9	通信工具		部	2	
	10	照明灯具或应急灯		盏	2	
	11	220kV 接地棒		副	3	
	12	盖板起用专用工具		套	2	
	13	竹梯	12 节	架	2	
	14	绝缘手套		双	2	

4.4　材料

√	序号	名称	型号/规格	单位	数量	备　注
	1	螺丝	$\phi 12\times 60$	套	15	
	2	布条	擦拭绝缘子用	条	若干	
	3	油漆	黄、绿、红	瓶	各 1 瓶	

4.5　危险点分析

√	序号	内　　容
	1	检修前，未认真核对设备、编号而走错间隔、误登带电杆塔
	2	检修过程中，人员及工器具与带电线路，同回路线路带电部分未保持足够的安全距离（220kV≥3m）
	3	检修设备在现场搬动过程中，指挥不当，造成设备损坏，砸伤人员
	4	电缆试验前，被试电缆和试验设备在移动时未进行放电
	5	进入隧道内、工井内施工时，通风不畅，有毒气体伤人，井盖四周未设安全交通标识及监护人，造成施工人员被车辆撞伤及行人跌入伤害
	6	工作人员思想波动，情绪反常，身体状况不佳，心理不正常
	7	接地线不合格。如：电压等级不符、截面过小、接地棒的绝缘电阻不合格、缠绕接地、或挂接地线顺序错误

表（续）

√	序号	内　　容
	8	电缆拆、接引线时，感应电伤人，高空坠落物体伤人或登高人员坠落
	9	检修试验设备误接线，试验设备漏、放电
	10	检修试验现场未设围栏，未悬挂“有电危险”标示牌，闲杂人员误入
	11	变更试验接线时，残余电荷未放尽，造成残余电压伤人
	12	检修试验完毕后不检查，发生电缆金属屏蔽换位错接
	13	寒冷天气未采取保暖措施
	14	检修试验时，电缆对端没有设专人监护，或通信不畅通
	15	工作完毕后，漏拆除接地线

4.6　安全措施

√	序号	内　　容
	1	严格执行工作票制度，正确填写电力电缆第一种工作票
	2	断开 220kV××Ⅱ路线路两侧断路器和隔离开关，并挂接地线
	3	装设接地线时，应先接接地端，后接导线端，接地线连接可靠，不准缠绕，拆接地线时的程序与此相反
	4	进入隧道作业前先通风至少 15min
	5	在停电线路装接地线前，要先核对线路名称，相位无误后，再使用检验合格的验电器验电，验明停电线路确无电压
	6	验电时，应戴绝缘手套，并有专人监护并应逐相进行
	7	工作中需要进行登高和下井作业时，对工器具进行必要的检查，做好防止人员摔落的安全措施
	8	登高作业必须系双保险安全带，戴安全帽，穿绝缘靴；进入试验现场，试验人员必须戴安全帽，穿绝缘鞋
	9	本线路上若有感应电压时，在电缆终端头及架空线上加装接地线
	10	拆除电缆头引线前，应确定电缆两端电缆头引线确已挂好接地线或已合上接地开关
	11	工作现场周围要设置围栏和遮栏
	12	检查试验设备的良好性，防止漏放电伤人
	13	在测量电缆主绝缘电阻过程中及接绝缘电阻表引线时，必须加强监护，防止线路感应电压及绝缘电阻表自身错接线、漏电伤人，必要时，使用绝缘棒将绝缘电阻表引线与电缆主芯搭接测量
	14	对电缆进行试验时，试验人员应注意与带电线路和试验设备带电裸露部分保持足够的安全距离（220 kV ≥3m）
	15	工作过程中要防止行人跌入窨井、沟坎，对开启的井口、窨井、沟坎要设专人监护，并加装警示标识和安全标识
	16	工作完毕后，应有专人检查接地线是否拆除

4.7　作业分工

√	序号	作 业 内 容	分组负责人	作业人员
	1	填报电缆第一种工作票		
	2	核对 220kV××Ⅱ路线路名称和塔号		

表（续）

√	序号	作业内容	分组负责人	作业人员
	3	确认作业面安全距离，作业半径，与带电线路，同回路线路带电裸露部分保持足够的安全距离（220kV≥3m）		
	4	检查××变压器220kV××Ⅱ路××—甲接地开关确在合闸位置		
	5	220kV××Ⅱ路1号塔电缆终端验电并挂接地线，拆除电缆终端头引线，将电缆与电力系统脱离（检查验电器、接地线是否满足现场要求，控制接地线使用程序和方法）		
	6	接头井直接接地箱、交叉互联箱引线拆除，拆除电缆终端头及交叉互联箱的引线时，做好标记，恢复时做到原拆原装		
	7	电缆主绝缘及各段护层绝缘测试		
	8	按原接线对接头井直接接地箱、交叉互联箱引线进行恢复		
	9	恢复220kV××Ⅱ路1号塔电缆端头引线，将电缆与电力系统连接，拆除220kV××Ⅱ路1号塔电缆终端头接地线		
	10	220kV××Ⅱ路21号塔电缆终端头验电并挂接地线，拆除电缆终端头引线，将电缆与电力系统脱离（检查验电器、接地线是否满足现场要求，控制接地线使用程序和方法）		
	11	××变压器220kV××Ⅱ路××间隔进线电缆终端头验电并挂接地线，拆除电缆终端头引线，将电缆与电力系统脱离（检查验电器、接地线是否满足现场要求，控制接地线使用程序和方法）		
	12	电缆主绝缘及其护层绝缘测试		
	13	恢复220kV××Ⅱ路21号塔电缆端头引线，将电缆与电力系统连接，拆除该电缆终端头接地线		
	14	恢复××变压器220kV××Ⅱ路××间隔进线电缆终端头引线，将电缆与电力系统连接，拆除该电缆终端头接地线		
	15	现场进行全面检查，办理工作票终结		

5 作业程序

5.1 开工

√	序号	内容	作业人员签字
	1	重新学习施工组织设计和技术措施，落实熟练掌握主绝缘查找方法、技术标准等的人员到位；携带经检查合格的主绝缘故障查找工器具及材料进场	
	2	向调度提出220kV××Ⅱ路线路转检修申请和工作票	
	3	开工前认真填写工作票，严格审批制度	
	4	严格站、班会制，对当天的工作必须进行“三查”、“三交”	
	5	工作负责人发布开工令	
	6	在宣读工作票时，进行现场技术交底，每个工作人员必须在场聆听，不清楚之处及时向工作负责人提问，工作负责人必须向每一位工作人员交待清楚各自的工作任务、工作范围、工作时间、安全措施、危险点和安全注意事项	
	7	向调度报开工，得到工作许可命令后，在220kV××Ⅱ路1号塔电缆头引线上验电接地和××变压器220kV××Ⅱ路××进线电缆两端电缆头均挂好接地线后方可开工	

5.2 作业内容及标准

√	序号	作业内容	作业步骤及标准	安全措施注意事项	责任人签字
	1	测量电缆主绝缘	1．拆除220kV××Ⅱ路1号塔电缆头引线，并在电缆头上搭接好试验用的引线后，全体工作人员停止工作，并在××变压器××间隔设专人监护。 2．向调度员申请断开××变压器220kV××Ⅱ路××－甲接地开关。 3．对电缆主绝缘进行测量；完毕后向调度汇报重新合上××变压器220kV××Ⅱ路××－甲接地开关	1．电缆头周围应设置围栏，防止闲杂人员靠近。 2．一相测量时，其他两相应分别接地，试验后应充分放电	
	2	拆护层直接接地箱和交叉互联箱引线	1．依次拆除220kV××Ⅱ路1号塔电缆头、37、30、24、17、10、2号及××变压器××GIS终端头的护层接地线。 2.依次测量220kV××Ⅱ路1号塔电缆头～37号、37～30号、30～17号、17～10号、10号～××变压器××GIS各段的护层绝缘电阻。 3．依次测量各10、17、30、37号交叉互联箱护层保护器绝缘电阻。 4．按原接线对接头并直接接地箱、交叉互联箱引线进行恢复	1．工井口应设围栏及警告标志，并有专人看护，以防止行人及车辆落坑。 2．应带足照明设备，认真核对接地互联箱的编号后方可拆除。 3．拆除后要做好接线记号，以确保恢复时能正确接线	
	3	恢复220kV××Ⅱ路1号塔电缆终端头引线	1．擦拭干净电缆终端头瓷瓶上的污秽，对电缆终端头上的相位标识进行喷涂。 2．按原接线对电缆终端头引线进行恢复	1．使用双保险安全带。 2．对生锈严重的螺丝应及时更换	
	4	测量电缆主绝缘	1．拆开220kV××Ⅱ路21号塔电缆头引线后，并在终端头处进行专人看护。 2．拆除××变压器220kV××Ⅱ路××间隔进线电缆头引线，并在电缆头上搭接好试验用的引线；对电缆主绝缘进行测量	1．电缆头周围应设置围栏，防止闲杂人员靠近。 2．一相测量时，其他两相应分别接地，试验后应充分放电	
	5	测量电缆护层及保护器绝缘	1．拆开××变220kV××Ⅱ路××间隔进线电缆两端终端头的护层接地引线，测量电缆护层绝缘。 2．测量其电缆护层保护器绝缘	1．电缆头周围应设置围栏，防止闲杂人员靠近。 2．拆除后要做好接线记号，以确保恢复时能正确接线	
	6	电缆回流线绝缘测量及连续性测试	1．拆开××变压器220kV××Ⅱ路××间隔进线电缆回流线两端的接地引线。 2．电缆回流线绝缘测量及连续性测试	1．电缆头周围应设置围栏，防止闲杂人员靠近。 2．拆除后要做好接线记号，以确保恢复时能正确接线	
	7	避雷器绝缘电阻测试	1．测量本体绝缘时，应将避雷器底座接地。35kV以上，不低于2500MΩ；35kV及以下，不低于1000MΩ。 2．底座绝缘电阻一般不低于50MΩ	1．使用双保险安全带。 2．测试完后，应及时对被测设备进行放电	
	8	避雷器放电计数器检查	1．测试3～5次，均应正常动作。 2．试验结束后，认真检查雷电计数器是否断电，防止误伤人员	1．使用双保险安全带。 2．测试完后，应及时对被测设备进行放电	

表（续）

√	序号	作业内容	作业步骤及标准	安全措施注意事项	责任人签字
	9	恢复接线	1. 擦拭干净××变压器 220kV××Ⅱ路××间隔进线电缆两端终端头绝缘子上的污秽，对电缆终端头上的相位标识进行喷涂；按原接线对电缆终端头引线进行恢复。 2. 按原接线对电缆护层接地引线进行恢复。 3. 按原接线对电缆回流线接地引线进行恢复	1. 使用双保险安全带。 2. 对生锈严重的螺丝应及时更换	

5.3 竣工

√	序号	内容	负责人员签字
	1	各小组负责人应认真检查各自的工作完成情况，向总负责人进行工作交接	
	2	工毕后，清理施工现场，施工垃圾分类存放，确保施工环境无污染，做到“工完场清”	
	3	指定专人认真清点本项目施工的所有从业人员，清理开工前所携带的工器具无丢失，材料的使用情况正常，确定线路无人后，拆除所挂接地线并向调度报完工	
	4	详细记录电缆主绝缘、护层绝缘电阻数据等内容，并加以总结	
	5	详细填写《电缆试验报告》、《电缆检修记录》	

6 消缺记录

√	序号	缺陷内容	消除人员签字
	1		
	2		
	3		

7 验收总结

序号	检修总结	
1	验收评价	
2	存在问题及处理意见	

8 指导书执行情况评估

评估内容	符合性	优		可操作项	
		良		不可操作项	
	可操作性	优		修改项	
		良		遗漏项	
存在问题					
改进意见					

9 附录

2 安全质量控制卡

编号：××××××

班组作业安全质量控制卡

作业名称：220kV ××Ⅱ路电缆线路停电综合检修

工作负责人编制：________ 审批：________ 作业性质：停电

计划时间：____年__月__日__时__分至____年__月__日__时__分

1 作业前

1.1 作业前内业准备

序号	名称	规格	单位	数量	确认
1. 工器具					
1.1	个人工具				
1.1.1	安全帽		顶	1	
1.1.2	安全带	双控	条	1	
1.1.3	个人保安线		条	1	
1.1.4	扳手	12号	把	2	
1.1.5	扳手	10号	把	2	
1.1.6	钳子		把	1	
1.2	标配工器具				
1.2.1	接地线	与检修电缆设备电压等级相适应	套	根据需要	
1.2.2	高压验电器	与检修电缆设备电压等级相适应	套	根据需要	
1.2.3	绝缘手套		副	根据需要	
1.2.4	标志锥（围栏）		标	4	
1.2.5	手电筒		把	2	
1.2.6	有害气体检测仪		个	2	
1.3	专用工器具				
1.3.1	绝缘电阻表（5000 V）		台	1	
1.3.2	绝缘电阻表（500 V）	500MΩ	台	1	
1.3.3	试验用的短接线		包	1	
2. 材料					
2.1	螺丝	$\phi 12 \times 60$	套	15	
2.2	布条	擦拭绝缘子用		若干	
2.3	油漆	黄、绿、红	瓶	各1瓶	

表（续）

序号	名称	规格	单位	数量	确认
3．作业文件					
3.1	工作票编号				
3.2	现场勘察单	□已勘察　□无需勘察			
3.3	检修记录卡				
4．综合工日					
5．其他（录音笔、红马甲）					

1.2　出工准备

序号	名　称	确认
1	班组班前会（含任务分工）	
2	出工前检查作业人员着装、劳动防护用品和精神状态	

2　作业中

2.1　作业组班前会

2.1.1　危险点分析及安全措施交底

序号	危险点分析	安全控制措施	确认
1	误登杆塔	1．设专人监护。 2．登塔前必须仔细核对线路双重命名、杆塔号。确认无误后方可上塔	
2	误入间隔	1．设专人监护。 2．工作前应认真核对设备名称、编号、工作地点。 3．工作过程中按指示的路径进出，不得移开或越过遮栏	
3	触电、感应电伤害	1．开工前必须办理线路第一种工作票。 2．采用合格验电器进行验电并在工作地段两端挂接地线，未接到工作负责人通知，不得上塔作业。 3．接地线拆除后，严禁所有人员上塔。 4．试验现场装设遮栏或围栏，悬挂“止步，高压危险”的标示牌，并有专人监护，严禁非试验人员进入试验现场。 5．电缆试验时，在电缆对侧应设专人监护，保持通信畅通，在得到对侧安全确认后方可开始试验工作。 6．电缆不可长时间脱离接地线，以防蓄积感应电压，待测试的电缆应做好接地措施；电缆试验完成后，要对被试电缆进行充分放电	
4	高空坠落	1．确认杆塔的本体及其基础、拉线和脚钉（爬梯）的稳固情况以及脚扣、爬梯等登高工具、设施是否完整可靠。手脚应抓稳踏牢。杆塔有防坠装置的，应使用防坠装置。 2．高空作业人员应正确使用背带式双控安全带，安全带和保护绳应分挂在杆塔不同部位的牢固构件上，并防止被锋利物损坏。攀登杆塔、杆塔上移位时，双手不得持带工具物品等，作业时不得失去安全防护。 3．下井作业时，应先确认爬梯的稳固和锈蚀情况，稳上稳下	

表（续）

序号	危险点分析	安全控制措施	确认
5	坠物伤人	1．作业人员必须正确佩戴安全帽。 2．使用工具袋，较大工具等应固定牢靠，传递物件应使用绳索，禁止抛掷。工作点下方禁止人员通行或逗留，避免垂直交叉作业，无法避免时，应做好防坠物措施。公路边作业，应装设围栏并设专人看护，防止行人进入作业现场。 3．杆塔上作业人员要防止掉东西，使用的工器具、小材料应装在工具袋里，传递物品所用绳索应完好无断股、灯笼	
6	有毒气体伤害	1．工井四周应设置足够的路障、围栏和警示标志，并设专人看护，翻揭盖板应小心轻放，防止井盖、工具掉落井内。 2．打开该工井的所有井盖，进入工井前，应先充分通风，使用有毒气体检测仪检测安全后方可进入。 3．严禁在工井、电缆沟、隧道内吸烟和使用明火	

2.1.2 安全措施确认

我已知晓上述工作地点、工作内容、停电范围、作业分工、危险点及安全控制措施，精神状态良好。 确认签字：

2.2 关键工序安全质量控制

2.2.1 作业组关键工序安全质量控制

序号	关键工序	安全质量控制	确　认			
1	验电挂接地线	对线路逐相进行验电，验明线路确无电压后，即在线路上挂接地线。挂接地线时，其接地端和导线端必须接触良好、可靠。接地线组件在杆塔上绑扎牢固，不大幅摆动或掉落				
2	检查电缆终端头	检查电缆终端表面有无放电、污秽现象；终端密封是否完好；终端绝缘管材有无开裂；套管及支撑绝缘子有无损伤；对电缆终端处的避雷器，应检查套管是否完好，表面有无放电痕迹				
3	检查电缆接头	检查电缆接头和接地箱内的电气连接点固定件有无松动、锈蚀；检查接地箱是否进水受潮，保护器是否有损坏、放电痕迹；接地线是否良好，连接处是否紧固可靠，有无发热或放电现象				
4	电缆终端头清扫	对瓷套终端头的污秽进行清扫，对相色进行喷涂				
5	电缆线芯绝缘电阻测试	测量电缆线芯对地的绝缘电阻，用 5000V 绝缘电阻表测试，测试结果与历次试验结果和同类型设备试验结果相比无显著差别。测试完后要对其进行充分放电				
6	电缆外护层绝缘电阻测试	测量电缆金属护套对地的绝缘电阻，用 500V 绝缘电阻表测试，每千米绝缘电阻值不低于 0.5MΩ。测试完后要对其进行充分放电				

表（续）

序号	关键工序	安全质量控制	确　认			
7	护层过电压保护器检测	护层过电压保护器及其引线对地的绝缘电阻用1000V绝缘电阻表测量，应大于10MΩ。护层过电压保护器的直流参考电压应符合设备技术要求				
8	避雷器绝缘电阻测试	测量本体绝缘时，应将避雷器底座接地。 35kV以上，不低于2500MΩ。 35kV及以下，不低于1000MΩ。 底座绝缘电阻一般不低于50MΩ				
9	避雷器放电计数器检查	测试3～5次，均应正常动作。 试验结束后，认真检查雷电计数器是否断电，防止误伤人员				
10	恢复电气接线	对电缆终端头引线、接地引线、接地箱的电气接线进行恢复，恢复时，连接应可靠、螺丝应紧固，对生锈严重的螺丝应给予更换。恢复后，应检查交叉互联接地系统连接的正确性				
11	拆除接地线	确认本班工作人员均已撤离杆塔后，指挥拆除本班所挂接的所有接地线				

2.2.2　作业组工作监护

是否需设专人监护：	是□　　　　否□	
工作地点	监护人	作业人员

3　作业后

3.1　内业工作

序号	项　　目	内　　容	确认
1	班后会	工作总结、评价及相应措施	
2	GPMS流程运转	填写检修记录、报表编写上传、完成时限填写、完成设备作业后评估	
3	录音上传	工作票录音	
4	作业文件归档	安全质量控制卡、工作票、报表	

3.2　作业评价

评价情况：经检查，本控制卡____________，存在____________________________

______________________________________问题，已向________________提出。

检查人：________________

_____年____月____日

3 现场勘察单

××电业局（供电公司）电力线路工作现场勘察单

编号：×××××

<table>
<tr><td>工作名称</td><td></td><td>勘察单位</td><td>×××××</td></tr>
<tr><td>工作范围</td><td colspan="3"></td></tr>
<tr><td>工作主要内容</td><td colspan="3"></td></tr>
<tr><td>现场勘察情况图示（工作范围及保留带电部分图示或地下缆沟管线等布置图）</td><td colspan="3"></td></tr>
<tr><td rowspan="7">现场勘察情况说明</td><td colspan="3">1．邻近、交叉或跨越带电设备距离：</td></tr>
<tr><td colspan="3"></td></tr>
<tr><td colspan="3">2．工作地段周围环境：</td></tr>
<tr><td colspan="3"></td></tr>
<tr><td colspan="3">3．地下管网布置情况：</td></tr>
<tr><td colspan="3"></td></tr>
<tr><td colspan="3">4．其他：</td></tr>
<tr><td>现场工作安全要求</td><td colspan="3"></td></tr>
<tr><td colspan="4">审核：×××　勘察人：×××　监理人：×××　勘察日期：××年×月×日</td></tr>
</table>

4 电力电缆第一种工作票

编号：××××××

电力电缆第一种工作票

1. 部门：×××工作班组：××××工作负责人：×××

2. 工作班人员：×××、×××、×××

共××人

3. 工作线路（电缆）名称或设备名称：220kV ××电缆线路

4. 工作任务：

工作地段（注明电缆起止地点）	工作内容
220kV ××变电站 220kV ××Ⅰ路 295 间隔－220kV ××Ⅰ路 1 号塔	220kV ××变电站 220kV ××Ⅰ路 295 间隔－220kV ××Ⅰ路 1 号塔电缆停电综合检修

5. 安全措施（必要时可附页绘图说明）：

（1）应断开断路器、隔离开关（包括线路隔离开关）、熔丝（包括跌落熔丝以及二次回路熔丝等），应合接地开关（名称和编号）、应挂接地线。

变、配电站或线路名称	应断开的断路器和隔离开关、熔丝，应合接地开关、应挂接地线
220kV ××变电站	断开 220kV ××Ⅰ路 295 断路器、2951、2952、2953 隔离开关及其操作电源，断开 220kV ××Ⅰ路 295 线路 TV 低压空气断路器，合上 220kV ××Ⅰ路 2956 甲接地开关
220kV ××变电站	断开 220kV ××Ⅰ路 251 断路器、2511、2512、2513 隔离开关及其操作电源，断开 220kV ××Ⅰ路 251 线路 TV 低压空气断路器，合上 220kV ××Ⅰ路 2516 甲接地开关

（2）工作班应挂接地线：共有×组

线路电压等级、名称和杆号（注明方向）	接地线编号		执行人	
	高压	低压	装设	拆除
220kV ××Ⅰ路 1 号塔电缆终端接线处				

（3）应装绝缘挡板、应设遮栏，应挂标示牌：

变（配）电站名称	应装绝缘挡板、应设遮栏，应挂标示牌
220kV ××变电站	1．在220kV ××Ⅰ路295间隔电缆终端上悬挂“在此工作”标示牌，在周围装设安全围网，并悬挂适量“止步，高压危险”标示牌，面朝检修设备，在其出入口处挂“从此进出”标示牌。 2．在220kV ××Ⅰ路295断路器、2953隔离开关操作机构上悬挂“禁止合闸，线路有人工作”标示牌

（4）注意事项：工作负责人应确认220kV ××变电站220kV ××Ⅰ路2956甲接地开关确在合闸位置后方可开始工作。

6．计划工作时间：自____年___月___日___时___分至____年___月___日___时___分

工作负责人：________ 工作票签发人：________

7．确认本工作票1～6项。工作许可：

（1）在线路上的电缆工作：

工作许可人（调度员）________用________方式许可，自______年______月______日______时______分起开始工作。

许可人：________ 工作负责人：________

（2）在发电厂或变、配电站内的电缆工作：

1）安全措施项所列措施中________（发电厂/变、配电站）部分，安全措施已经执行，工作地点保留带电部分：________

补充下列安全措施和注意事项：________

许可自____年___月___日___时___分起开始工作。

工作许可人：________ 工作负责人：________

2）安全措施项所列措施中________（发电厂/变、配电站）部分，安全措施已经执行，工作地点保留带电部分：________

补充下列安全措施和注意事项：________

许可自____年___月___日___时___分起开始工作。

工作许可人：________ 工作负责人：________

3）安全措施项所列措施中________（发电厂/变、配电站）部分，安全措施已经执行，工作地点保留带电部分：________

补充下列安全措施和注意事项：________

许可自____年___月___日___时___分起开始工作。

工作许可人：________ 工作负责人：________

8．工作人员变动：

增添人员姓名	日	时	分	工作负责人签名	离去人员姓名	日	时	分	工作负责人签名

9．工作负责人变动：

原工作负责人 ____________ 离去，变更 ____________ 为工作负责人。

变动时间 ________年_____月_____日_____时_____分，并已通知__________调度员、变电站值班员、配电站__________值班员。工作票签发人：__________

10．每日开工和收工时间（使用一天的工作票不必填写）

收工时间				工作负责人	工作许可人	收工时间				工作负责人	工作许可人
月	日	时	分			月	日	时	分		

11．工作票延期：

有效期延长到：_____年___月___日____时____分，延期原因：____________________

工作负责人：____________ 值班调度员：____________

12．工作结束（在发电厂或变配电站内的电缆工作）

（1）在_________（发电厂/变配电站）工作 于 _________年______月______日______时分终结，工作人员已全部退出，材料工具已清理完毕。

工作许可人：____________ 工作负责人：____________

（2）在_________（发电厂/变配电站）工作 于 _________年______月______日______时分终结，工作人员已全部退出，材料工具已清理完毕。

工作许可人：____________ 工作负责人：____________

13．工作票终结：全部工作结束并已和各发电厂或变配电站办理工作结束手续，工作班人员已全部撤离，现场已清理完毕，工作班自挂接地线共_______组已经拆除。

终结报告的方式	终结报告的时间	许可人（含配合停电许可）	工作负责人
	年 月 日 时 分		
	年 月 日 时 分		
	年 月 日 时 分		

14．备注

（1）指定专责监护人________负责监护（地点及具体工作）____________________

（2）其他事项：____

15．交任务、交安全措施确认

我对工作负责人布置的工作任务及安全措施已明白无误，所做安全措施已能确保我的工作安全。

工作班人员签名：____

16．评价情况

经检查本票为______票，存在____问题，已向______指出。

检查人：____________

____年____月____日

思考与练习答案

1．答：原因分析：

（1）陈×安全带使用不当，安全钩没有卡扣到位，造成转身时安全带脱扣是事故的主要原因。

（2）监护人王×监护不到位，没有提醒操作人检查安全带卡扣是否扣好，对陈×未按规定使用双控安全带的违章行为没有纠正，没有尽到监护职责，是造成事故发生的另一主要原因。

防范措施：

（1）作业人员攀登杆塔、杆塔上转位及杆塔上作业时，手扶的构件应牢固，不准失去安全防护，并防止安全带从杆顶脱出或被锋利物损坏。（《国家电网公司电力安全工作规程（线路部分）》第6.2.3条）

（2）高处作业人员在作业过程中，应随时检查安全带是否拴牢。高处作业人员在转移作业位置时不准失去安全带防护。（《国家电网公司电力安全工作规程（线路部分）》第7.10条）

（3）工作负责人、专责监护人应始终在工作现场，对工作班人员的安全进行认真监护，及时纠正不安全的行为。（《国家电网公司电力安全工作规程（线路部分）》第2.5.1条）

2．答：预防性试验主要包括主绝缘绝缘电阻、外护层绝缘电阻、交叉互联接地系统等项目。

3．答：（1）了解被试设备现场情况及试验条件，查勘现场，查阅相关技术资料，包括该电缆历年试验数据及相关规程，掌握该电缆运行及缺陷情况等。

（2）试验仪器和设备准备，选择合适的绝缘电阻表、调试仪器以及相应的安全设施，查阅测试仪器、设备及绝缘工器具的检定证书有效期。

（3）办理工作票并做好试验现场安全和技术措施，向试验人员交待工作内容、带电部位、现场安全措施、现场作业危险点、明确人员分工及试验程序。